海上丝绸之路寻游记

# 蓝宝石般耀眼的青花

乔　冰◎著　智慧鸟◎绘

吉林出版集团股份有限公司 | 全国百佳图书出版单位

图书在版编目（CIP）数据

海上丝绸之路寻游记. 蓝宝石般耀眼的青花 / 乔冰著；智慧鸟绘. -- 长春：吉林出版集团股份有限公司，2022.1

ISBN 978-7-5731-0912-5

Ⅰ. ①海… Ⅱ. ①乔… ②智… Ⅲ. ①海上运输－丝绸之路－儿童读物 Ⅳ. ① K203-49

中国版本图书馆CIP 数据核字(2021) 第246977号

海上丝绸之路寻游记
LANBAOSHI BAN YAOYAN DE QING HUA
蓝宝石般耀眼的青花

著　　者：乔　冰
绘　　者：智慧鸟
出版策划：齐　郁
项目统筹：郝秋月
责任编辑：颜　明
助理编辑：李金默
责任校对：王　妍　姜婷婷
出　　版：吉林出版集团股份有限公司（www. jlpg. cn）
（长春市福祉大路 5788 号，邮政编码：130118）
发　　行：吉林出版集团译文图书经营有限公司
（http: //shop34896900. taobao. com）
电　　话：总编办 0431-81629909　营销部 0431-81629880 / 81629900
印　　刷：长春新华印刷集团有限公司
开　　本：720mm × 1000mm　1/16
印　　张：8
字　　数：100千字
版　　次：2022年1月第1版
印　　次：2022年1月第1次印刷
书　　号：ISBN 978-7-5731-0912-5
定　　价：29.80元

印装错误请与承印厂联系　电话：0431-86059099

# 前　言

人们常认为丝绸之路是这样一幅朦胧的景象：驮着丝绸的骆驼商队在尘土飞扬的沙漠中穿行，往来于亚洲、非洲、欧洲的各座古城。其实，中国的巨舰曾在东南亚和印度洋航行，其航程远达霍尔木兹海峡、亚丁湾和东非海岸。本系列图书讲述的便是被后人称为“海上丝绸之路”的各条航线，以及沿线各地文化历史的发展。木棉是怎样从印度送往中国的？烹饪作料胡椒来自哪里？中国古代造船业的发展与海上贸易有何关联？诸多历史事件与传奇人物之谜吸引着我们，海上丝绸之路的辉煌历史折射出熠熠中华文明之光。

阅读《海上丝绸之路寻游记》便是一次真正的文化寻根之旅。快跟乔博士和诸多可爱的小队友开始海上丝绸之路的探险吧！知晓历史人物的传奇故事，见证航海勇士的英勇果敢，领略原始的民族艺术……

乔博士

72 岁，考古专家，苏苏的爷爷。知识渊博，幽默诙谐，乐于助人。

苏苏

11 岁，女生，公认的学霸，记忆力超强，聪慧勇敢，热情开朗，有强烈的好奇心，爱旅行，爱美，泪点低。

平时是人见人爱的小公主，发怒的时候秒变可怕的“小魔女”。

小机器人，外形呆萌，智慧过人，有播放全息影像的能力。

对危险有超强的预警能力，但胆子小。

小财迷，争强好胜；自我感觉良好，喜欢为别人答疑解惑，还超喜欢向别人提问；最不能容忍被质疑。

光年

11 岁，男生，出身制香世家，祖上有远洋船队。

对自己的家族有很强的自豪感，胆大心细，冷静理智，观察力强，水性极好。

有点儿小骄傲，习惯摆出酷酷的样子。

蒲小舟

11 岁，男生，出身陶瓷世家，从小耳濡目染，对陶瓷有浓厚的兴趣。

有着超级旺盛的精力，爱玩儿，爱捣乱；喜欢钻研，有时候问题多到让人崩溃；贫嘴，经常挑战光年自诩的“权威”。

常啸

船长

60 岁，拥有古铜色的皮肤，最讨厌别人说自己有大肚子。

性情多变，有时候很儒雅，有时候却像个老顽童；见多识广，有丰富的航海经验。

# 目录

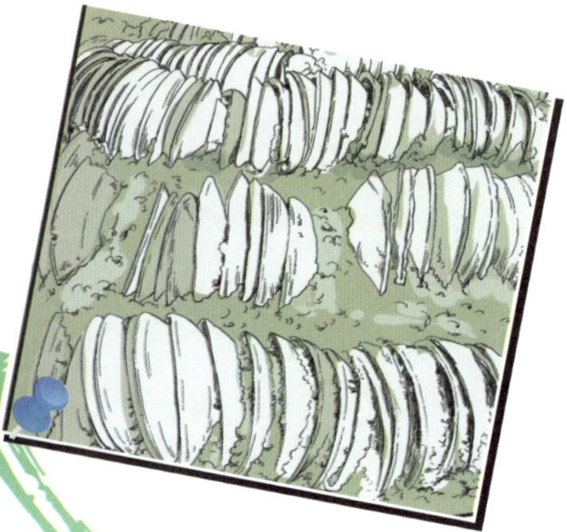

# 第一章

# 最危险的海域

今天天气好，把舱门打开透透气。
船长，你为什么非要指定把茶叶放在这个船舱啊？
这个问题我能回答：这个船舱是所有船舱里温度最低的。
茶叶需要经过几个月的海运才能抵达目的地，低温储藏和经常通风，可以保证它的品质。

你们快看！那里有好多岛屿！
我嗅到了危险的味道……
我们已经进入南海丝绸之路最危险的海域，大家打起精神，一定要格外小心！
前方就是西沙群岛的华光礁，“华光礁1号”就沉没在那片海域。

"华光礁1号"是南宋时期从福建泉州港启航，途经海南，开往东南亚地区的一艘商船。
哇，好威风的大船！
它就是刚驶入西沙群岛的"华光礁1号"，一艘已经航行了至少4年的"福船"。
这艘船的船体有6层，充分展现了中国古代造船工艺的精湛。
船长，你是怎么判断出它至少已经航行了4年的？

因为我见过这艘船残存的船板。这艘船是福船，使用双重板构造，航行1年以上需要修理，修理完毕再覆盖一层船板。
船板可以一直加到6层，但此船再航行1年，就不能再航行了。
也就是第一年的新船是两层船板，航行1年后加到3层，那么6层就代表着……
6层船板代表着这艘船至少航行4年了！

“华光礁1号”是中国在南海整体打捞出的宋代沉船。
我看到打捞上来好多粉盒，青白釉印花的！
还有粉盒？！难道在中国宋代粉盒已经输出到国外了？
粉盒是中国古代女子存放脂粉的化妆盒。在西沙群岛“华光礁1号”古沉船内打捞出水的诸多瓷器当中，粉盒有上千件之多，这至少能证明中国胭脂粉盒早在中国宋代就已成为了外贸商品，并风靡国外。

这片最危险的海域，肯定有很多宝贝！
好奇怪，海底的礁石怎么长得这么像铜钱？
那就是沉船上散落到海底的铜钱，很多已经和礁石结成一体了。
光在西沙群岛的北礁礁盘上，考古队就采集到了10万余枚铜钱。
在西沙群岛北礁礁盘上发现的铜钱中，年代最晚的是明代的“洪武通宝”“永乐通宝”，几乎全是新币，大多成串连在一起。考古人员推断，运送这些铜钱的应该就是郑和的船队。

在海上行驶了几天，终于看到陆地了！
郑和下西洋的时候，抵达国外的第一个目的地，就是占城。
如果我没记错，前面就是越南的归仁港了。
对！还记得占城水稻吗？这里就是它的故乡，当时人们称这里为占城。

好帅耶！
什么眼神……
占城国王的手腕、脚腕上戴了好多明晃晃的金镯子，他一定很有钱！
财迷！这是占城国王听说郑和的宝船队即将抵达，就盛装赶往港口迎接。

占城国王对郑和好尊敬啊！
大明王朝帮助占城摆平了对手安南，占城国王自然对郑和使团感激涕零。
哇！郑和还带来了大明皇帝赏赐的这么多礼物！

## 知识链接

### 西沙群岛——南海丝路最危险的海域

在古代被称为“千里长沙”的西沙群岛，是位于中国南海的四大群岛之一，由若干岛屿、沙洲、环礁等组成，自古以来就是海上丝绸之路南海航线的必经之地。

因为岛屿众多，西沙群岛是往来船只躲避风浪的好地方。但环礁外部水浅，涨潮时会隐没，很容易造成船只搁浅，甚至触礁沉没。因此，西沙群岛成为南海丝路上最危险的海域，千百年来，出海经过这里的船只数不胜数，其中一部分就不幸沉没了，“华光礁 1 号”正是其中之一。

## 占城为什么会成为郑和船队海外停靠的第一站？

占城自古以来就是中国至东南亚海上线路的第一停泊站和必经之地。《元史》记载："自泉州向南登舟海行者，先至占城而后至其国。"

除了地理位置至关重要这个原因之外，郑和船队第一次出航选占城为首站，还跟明朝与占城的关系密不可分。

明朝时期，越南北部被称为安南，南部被称为占城。占城不断受到北部安南的侵扰，占城国王占巴的赖多次派人向明朝求救。

占城一直与明朝交好，而安南却不断骚扰明朝边境。在这样的情况下，明成祖朱棣自然选择和占城联手。两国南北夹击，在不到一年的时间里就彻底征服了安南。

# 第二章

# 占城奇楠

我还是第一次看到这么气派的大船呢！这个叫“明朝”的国度真了不起！
如果没有他们帮忙，我们还在被安南欺负呢，哪有现在的太平日子过！
这个场景好眼熟啊……我想起来了，跟爷爷收藏的一枚邮票上的图画几乎一模一样！
是的。1985 年为纪念郑和下西洋 580 周年而发行的 4 枚纪念邮票中，有一枚展现的就是眼前的场景！
8
中国人民邮政

占城的百姓们又唱又跳的，比过节还热闹。
可见郑和的船队多么受欢迎！
能不受欢迎吗？大明平定了侵扰占城的安南，又帮助占城收复了很多失地。
郑和还带来很多生产工具送给当地百姓，并传授给他们很多技能。

郑大人对我们实在是太好了!
他还教我们种植药材呢，以后再生病，就不用强忍着不适了。
我们占城经常被水淹，郑大人说要帮我们建造有4只脚的房子，以后就不怕洪水了呢!

给我来3
匹丝绸！
我要3罐
茶叶！
那几个青花
瓷盘子我都
要了，都别
和我抢！
丝绸
茶叶
青花瓷盘子
这些可都是占城贵
族们的心头肉，必
须用金块或者银子
来交易！

你们要全力帮助占城国王雕刻铜钱模型，传授给工人们炼铜和浇铸铜钱的技艺。
请大人放心！
有了这个铸钱工场，以后占城百姓就跟大明一样，可以用铜钱买卖货品了。

郑和的船队要离开占城了，占城国王送了他们好多礼物。
那是给大明皇帝的贡品，有乌木、奇楠、观音竹……
博士，你说的这些我一个字也没听懂！
奇楠我知道，它又叫伽南香，是沉香中的上品。

爷爷，奇楠后面那个箱子里装的是什么呀?
是降真香，渔民曾在西沙群岛海域打捞起不少古代降真香。
降真香
那些降真香已经在海水里待了六百多年了，是在海上丝绸之路上沉没的船只里发现的。
我要用我们大船上带来的丝绸、瓷器和茶叶，换一些降真香!

这是象牙席，几百只大象的象牙才能做出一张。
制作象牙席，需要把象牙抽成细丝，然后再进行编制。

震惊吧？不过现在大象已经是保护动物了。象牙制品也不可以买卖。

在当时，朝廷采取“小来大往”的策略，给这些国家的赏赐，比他们奉上的贡品还多。
郑和下西洋的“西洋”，到底指的是哪里呀？
我知道我知道！以文莱为界，文莱以东称为东洋，以西称为西洋。
对。明朝时期西洋指的就是现在文莱以西的东南亚、印度洋和沿岸一带。

## 知识链接

### “东方神木”

作为郑和下西洋的第一站，占城因为其独特而丰饶的物产，在东南亚颇有名气。

占城国王送给大明王朝的乌木、奇楠、观音竹、降真香等礼物，都是当时占城上好的特产。

乌木

观音竹

奇楠

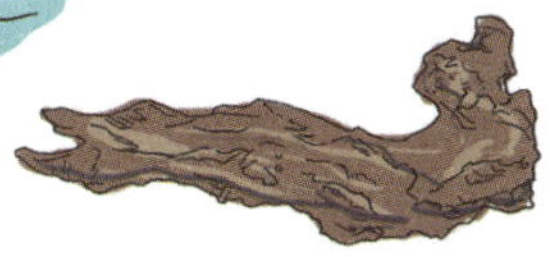

降真香

乌木，有“东方神木”和“植物木乃伊”之称，经常被用来制作护身符。乌木生长极其缓慢，需要在缺氧、高压状态下，经过成千上万年的炭化过程才能形成，故又称“炭化木”。

乌木价值连城，因此有“家有乌木半方，胜过财宝一箱”的说法。

# 奇楠

奇楠即伽南香，是最上等的沉香。一万株沉香树中只有一两株可结成奇楠，异常难得。

《四库全书》曾有记载，占城的奇楠为极品。元朝时很多海外见闻录也有对奇楠的记载，说一块奇楠价值万金。

郑和下西洋时，担任随行翻译的费信曾经写过一本书，书中提到占城的一座山出产奇楠，酋长派重兵看守，并且命令士兵，如果有敢偷盗者，就当场砍断他的手。用这么残酷的刑罚防止奇楠被偷窃，也从侧面体现了奇楠这种上等沉香的珍贵。

# 第三章

# 真腊国

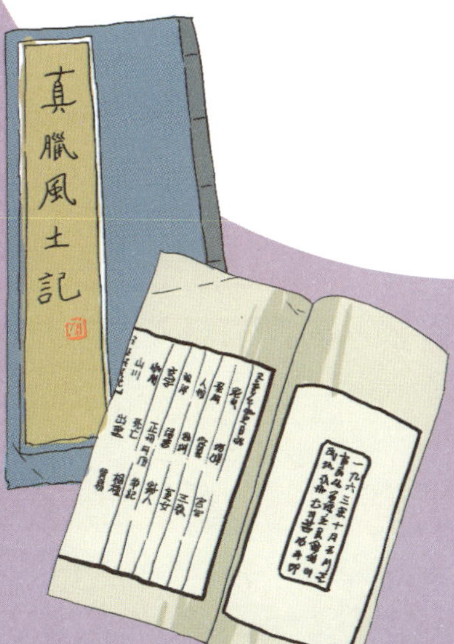

海里怎么有这么多小灯笼啊？
而且还动来动去的……
难道是烛光鱼？
小舟不愧是出自航海世家。烛光鱼浑身都自带生物发光器，在深夜的海面上看起来就像一盏盏小灯。

船长，你这
是要带我们
去哪里呀？
真腊，也就是中国
史书中所说的中南
半岛古国，就在现
在的柬埔寨。
当年从中国来
的水手，就是
顺着湄公河抵
达真腊的。
快看啊，
桃花源！

船停靠在岸边，水手们站在稻田里，个个两眼放光。

在商船上当水手，每天都有干不完的重活儿累活儿。
遇到海盗和暴风雨，随时都可能没命。
不如我们就在这里定居下来？
为了生计，很多人跑到广州远洋出海的商船上当水手，内心却渴望能过上安定的生活。当看到真腊稻田肥沃，耕牛成群时，水手们决定告别海上漂泊的日子，在真腊安居乐业。

怎么不管走到哪个集市，都有来自中国的货物呀？
普通百姓用的铁锅、木梳、桐油，甚至针线，也都是中国制造。
可不是吗！我看王公贵族们用的金银首饰、瓷器、漆器都来自中国。
中国的商品在真腊备受欢迎，是工艺先进和高质量的保证，真腊百姓因此也对中国人充满敬意。广州水手们在真腊定居后，个个享受超级国民待遇。

从湄公河驶入洞里萨河，现在又进入洞里萨湖，什么时候才能开饭呀？
再忍耐一会儿，我们很快就到真腊的都城大吴哥城了。
真腊是当时海上丝绸之路的一个重要节点，这里出土了很多中国瓷器。
这是唐末五代时期的白瓷和三彩瓷？
大吴哥城出土的白瓷
大吴哥城出土的三彩瓷

这座山上种的全是荔枝，我要去吃个够！
这得感谢一个叫周达观的使臣。
这是我从中国带来的荔枝的种子，它结出的果实非常好吃。
我们把它们种在八角山上吧。
后来，八角山上长满了荔枝树，人们吃着甘甜的荔枝，就把八角山改名叫“荔枝山”了，也以此纪念当时周达观赠送荔枝种子的情谊。

这就是当年的大吴哥城的建筑吧。好美啊!
吴哥窟不愧为世界上最大的庙宇类建筑啊!

吴哥窟曾经在密林里隐藏了几百年，直到十九世纪才被发现。
真腊风土记

1431 年，真腊在与暹罗的战争中战败，恢宏的吴哥窟被遗弃，并逐渐被森林覆盖。

19 世纪，《真腊风土记》被译成多国文字，并吸引了很多探险者来此探险。1860 年，一个法国人终于在森林中发现了吴哥窟遗迹。
世界上真的有如此宏伟的建筑，跟中国人写的《真腊风土记》里描绘的一模一样！
真腊风土记

《真腊风土记》详细记述了真腊王朝的生活、文化、习俗、物产等。这些信息，在柬埔寨本国记录的历史中是缺失的。现在游览吴哥窟的游客，几乎人手一本《真腊风土记》。
真臘風土記

这些雕像，不管从哪个方向看，都像在笑呢。
柬埔寨为纪念郑和所建的“三保公庙”，就是在高棉统治期间被夷为平地的，后来又在原址重建，以纪念中柬友谊。
这些是四面佛雕像，个个面带笑容，是闻名世界的“高棉的微笑”。
柬埔寨于公元1世纪下半叶建国，当时被称为扶南国，后称真腊，16世纪后改称柬埔寨。

## 知识链接

### 《真腊风土记》

元代朝廷为了劝说邻近小国归附，于1295年派使团从温州港出发，沿着海上丝绸之路前往占城、真腊等国。

使团成员周达观随船出发，3月顺利抵达占城。后因逆风和内河枯水期，他们7月才到达真腊的国都吴哥。

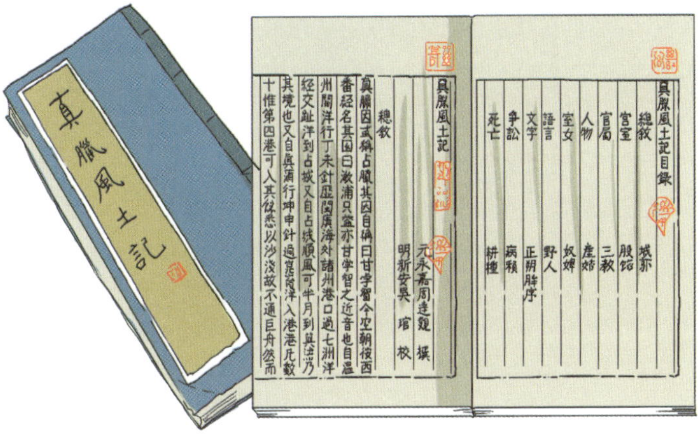


因为要等次年西南季风和内河水位上涨，才能返航回国，周达观在真腊逗留了一年。在此期间他深入了解了当地的风土人情，回国后便编写了《真腊风土记》一书。该书是现存与真腊同时代者对真腊和吴哥窟的唯一记录。

500多年后，法国人根据这本书译本的描写，发现了密林中的吴哥窟，让这一宏伟建筑重见天日，全世界为之轰动。而元朝的使者周达观应该没想到过，他的《真腊风土记》一书，竟对古代吴哥的发现起到了巨大的作用。

## 吴哥古迹的中国瓷器

柬埔寨的吴哥古迹，包括王城、寺庙、运河、码头、桥梁等共计600余处。周达观和元朝使团当时就是经过中国南海进入湄公河，然后经洞里萨河进入洞里萨湖，最后抵达洞里萨湖北岸真腊的都城大吴哥城的。

大吴哥城和周围遗址在开挖沟渠、疏通河道、修建道路等过程中，出土了大量的中国陶瓷，其中以宋元时期的陶瓷为主，还包括数量可观的唐末五代时期的青瓷、白瓷和三彩瓷。这说明，在唐代，柬埔寨就已经和中国通过海上丝绸之路进行贸易往来了。

大吴哥城出土的中国瓷片

# 第四章

# 宋干节

我们到泰国湾了，以前这里叫“暹罗湾”。
你们看那两头大象，在相互喷水玩儿呢！
当时的暹罗，就是现在的泰国。

这么多运送大米的船啊！
泰国现在的大米出口量在世界前列。
从明朝开始，暹罗的大米就大量出口，中国商人甚至直接在这里造船运米。

光年开启了全息影像。
暹罗的柚木真便宜，我们买些来造艘大船再合适不过。
然后再运送满满一船大米回国，肯定能赚不少银子！
看到了吧？暹罗盛产柚木，价格很便宜，所以很多中国商人干脆来这里买木造船。

这些柚木长得好高大啊！
柚木可以长到约40米高，而且这种树还能分泌一种特别的油脂，可以起到防水的作用。这些特点使得柚木特别适合造船。
柚木就是柚子树的木头吧？
错！柚木和柚子树一点儿关系都没有！
柚木是一种非常昂贵的木材，也被人们叫作“胭脂木”。

孩子们，今天正好是泰国的泼水节，让我们尽情狂欢吧！
谁身上被泼的水越多，谁得到的祝福就越多。
咦，这不是我们在沙滩上看到的大象吗？
原来它们洗澡是为了来参加泼水节呀！
每年的 4 月 13 日到 15 日，是泰国的宋干节，又称“泼水节”，是泰国最重要的节日，就像中国的春节一样热闹、喜庆。连续 3 天的节日狂欢里，人们相互泼水，来表示庆祝。

你们两个怎么那么紧张？
因为这大象太高了。
当时的暹罗还用大象做战车呢，它可是对付敌人的有力武器！
可惜的是，象牙和象牙雕刻从古至今都是抢手货，导致很多大象丢了性命。

众人眼前出现了繁华的古代港口。离开暹罗的船满载着象牙、犀牛角，抵达暹罗的船载着瓷器、丝绸、茶叶等。
可怜的大象和犀牛！
现在全世界都禁止捕杀大象和犀牛了，所以苏苏你别难过了。
咦，那几艘船上都是暹罗人，运送的却是中国的丝绸和瓷器。
运送到暹罗的中国商品，部分供当地使用，其余的，暹罗人会将其出口到其他国家，从中获利。

这座建筑真像中国的“红头船”。
19 世纪初，暹罗君主下令建造了这座红头船造型的建筑，并赐名“龙船寺”。两座佛塔代表桅杆。
特以此来纪念为泰国的繁荣做出巨大贡献的中国帆船。
我更感兴趣的是郑和当年是在暹罗哪里购买的红宝石。

郑和是在一个叫“上水”的市镇买宝石的。
咦，那些暹罗人怎么在用贝壳换士兵的铜钱？
暹罗人当时把海里的贝壳加工后当作货币用。明朝政府当时承认这种货币。
明朝马欢所著的《瀛涯胜览》中提到，上水汇集来自外国的各种各样的货物。这里河道狭窄，郑和的宝船开不进去，他就把小船开到城里，与暹罗的老百姓做宝石生意。

## 知识链接

### 水稻的起源

跟茶叶、香料一样，大米也是海上丝绸之路上的重要货物。世界上近一半的人口，都以大米为主食。在中国南方和东南亚地区，如果缺少一碗香喷喷的米饭，再丰富的大餐也会黯然失色。

水稻的种植起源于中国，已经有上万年的历史，后来传入东南亚的越南、泰国等。

因为自然环境非常适合稻米的生长，东南亚很快成为世界稻米的主要产区之一。康熙年间，清政府公开鼓励商人贩运暹罗大米，以弥补国内南方粮食的短缺。因为暹罗盛产柚木，价格便宜，不少中国商人干脆到暹罗买木造船，然后载米回国。

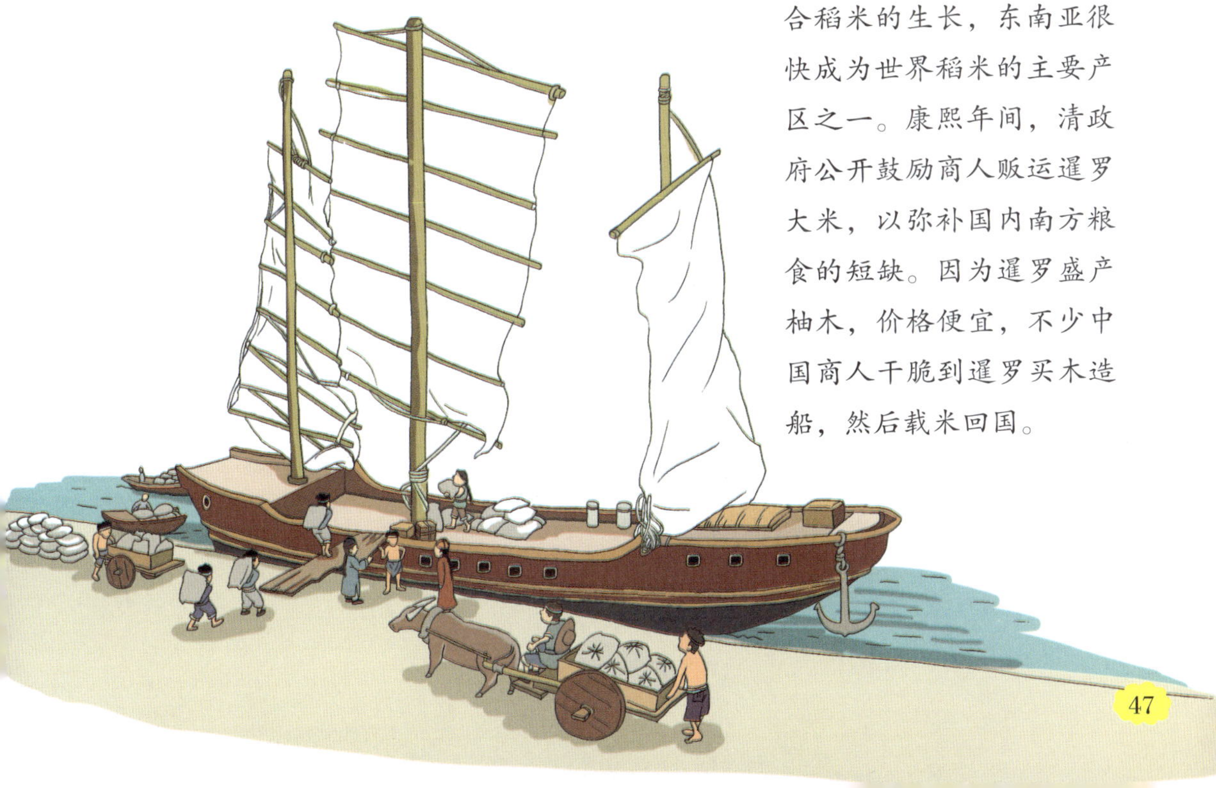

## 血色工艺品

栖息在热带的野生大象，不知从何时起，成了被人类驯服的大型动物。泰国和印度等国，在历史上都曾将训练有素的大象用于战争，被称为“战象”。

在中国出土的公元前11世纪的青铜器上出现了象纹，而殷墟还出土了用象牙精雕细琢的容器。

各种价值不菲的象雕工艺品，在海上丝绸之路的贸易中供不应求。

这就导致了大象被过度捕猎。

如今全世界都禁止捕猎大象，但高额的利润，使得对大象的偷盗、偷猎现象屡禁不止。各种象牙制品，也变成了“血色工艺品”。

我国早已全面停止商业性象牙加工销售活动，买卖象牙制品是违法行为。我们要保护大象，拒绝买卖象牙制品。

中国象纹图腾

象牙雕

大象参与战争

# 第五章

# 海盗王

这里就是马来西亚最大的海港巴生了，距离首都吉隆坡只有30千米。
苏苏，你怎么看起来脸色不太好?
这里的天气又闷又热，身上湿乎乎的。
这好办，来碗马来西亚的肉骨茶就好了。

真香啊……我还要来一大碗！
吃肉骨茶的时候，来点儿中国茶，可以解油腻。
相传，当时下南洋谋生的中国人，很不适应当地气候，就研究出了祛湿又滋补的肉骨茶。吃的时候再配上一杯中国茶，油腻顿消。
吃了肉骨茶，我感觉好多了。没想到食物竟然可以治病。

我们来南洋靠出苦力谋生，偏偏得了这风湿病。
全息影像
这里气候湿热，同船来的同乡几乎都感觉关节不舒服。
扛大包靠的是体力，这样下去可不行。

多亏了这用药材煮出来的食物，我的风湿病好多了。
听说是有人偶然将猪骨放入了茶汤里，发明了这美味的肉骨茶。
这肉骨茶不仅好吃，还能补充体力。我现在浑身有使不完的力气。就是吃多了有点儿腻……
赶紧喝些我们自己带来的中国茶呀！

大船行驶在一条狭窄的水道上。
我们已经进入马六甲海峡了，郑和当年曾在这里遭遇海盗。
啊？这里有海盗出没？！
这些中国来的船可是载满了宝贝，我们这下可要发大财喽！
我刚才数了数，整整208艘！
全息影像

咦，那个海盗头目怎么是个中国人？
那个家伙叫陈祖义，是明朝时期的“海盗王”。
他盘踞马六甲海峡十几年，是历史上有名的海盗集团头目之一。
咦，海盗们怎么还没动手就投降了？

头儿，我们用得着诈降吗？直接开着船撞上去就是了！
你没看到这个船队的船都是加厚船板，像穿了一层盔甲？硬来不行，得智取！
这个陈祖义可真够狡猾的！糟糕，郑和不会上当吧？！
他可是郑和！你就等着看热闹吧！

头儿，我们上当了！
我们早就知道你的阴谋诡计，做了反偷袭的准备。
可恶！
幸好郑和对陈祖义早有提防。

头儿，他们的火力太猛了，我们根本不是对手！
这下糟了，郑和大人能不能饶我一命？！
你作恶太多，我们必须带你回去，由皇帝处置！

## 知识链接

### “海盗王”

绰号“海盗王”的陈祖义，在明朝洪武年间带领全家来到南洋，从此盘踞马六甲海峡，做起了海盗。

海盗王手下的海盗集团，人数最多的时候过万，战船近百艘，活动范围分布在日本、中国台湾、中国南海、印度洋等地，抢劫过的船有上万艘。

明朝有50多座沿海城镇被这群海盗洗劫过，南洋一些国家被逼无奈，甚至每年向他们缴纳价值不菲的贡品，以求太平。

面对如此心头大患，明太祖朱元璋悬赏50万两白银捉拿陈祖义。后来赏金不断提高，到了明成祖朱棣统治期间，赏金甚至高达750万两。

## 马六甲海峡上的大战

1407 年，第一次下西洋的郑和船队在返航时经过马六甲海峡。从没吃过败仗的海盗王陈祖义，并没有把郑和放在眼里，他假意归降，想以最小的代价速战速决，连货带船一起据为己有。

郑和船队的巨型宝船中，至少有 40 艘配备了当时最先进的航海仪器和武器装备。船队的规模之大，以及装备的精良，不仅在中国历史上是头一次，在世界航海史上也前所未有。

而身经百战的郑和更是早有准备，用火攻烧毁海盗船，杀海盗 5000 余人，并生擒陈祖义。

明成祖朱棣当着各国使者的面，下令杀掉陈祖义，斩首示众。

东南亚海域猖獗已久的海盗终于被铲除了，海上交通的安全有了保障。丝绸之路沿海各国的百姓奔走相告，额手称庆。

# 第六章

# 马六甲城

大船继续行驶，沿途的海边突然出现一片片的树林。
海里也会长树林？好神奇啊！
这里就是位于马六甲海峡东边的马六甲州了，是马来西亚著名的古港。
这里当年港宽水深，而且没有险滩，非常适合大型船只安全通过。

他们肯定把贵重的东西掉进河里了，所以才这么费劲地打捞。
他们就是靠打捞河床中的物品为生的。
每天都能打捞出20多千克的瓷器碎片和古钱币呢。

每天都能打捞出这么多？那河底得有多少瓷器和古钱币啊！
?!
别看现在它只是一条穿城而过的普通河流，几百年前的这里可是水面宽阔，可供远洋船只停泊并装卸货物的。
明代大航海家郑和七下西洋，其中五次访问这里。
当时沿着海上丝绸之路往来的船只装载的货物太多了，难怪到现在还能捞出这么多东西！

商店
那些店铺几乎都是用汉字写的牌匾。
我怎么觉得自己回到中国了?
郑和下西洋时，广东、福建的很多中国人跟着船队来到了马六甲，并定居下来。
这里不仅建筑保留着中国风格，很多习俗也和中国相近。

1460 年，明成祖朱棣将汉丽宝公主嫁给马六甲第六代国王曼苏尔沙。马六甲古城的三宝庙里，至今还保存着以公主的名字命名的汉丽宝公主井。

后院那一口井，就是著名的汉丽宝公主井了。
这口井是郑和带人开凿的，因此也被称为“三宝井”。当地人遇到难题的时候，喜欢来这里许愿。
哇，原来公主井是马六甲人的许愿池呀！

大人，我们打几口井？
马六甲太干旱了，就打7口吧。
大好人啊！
妈妈，我们是不是很快就有水喝了？
郑和当年下令开凿的7口井，一直是当地居民主要的饮用水源，直至1511年葡萄牙人侵略马六甲城……

天气这么热，那些侵略我们的葡萄牙人肯定会来找水喝的。
到时候就给他们点儿颜色瞧瞧！
这井水好清亮，一定特别解渴！
哎哟……我的肚子好痛！

1511 年，马六甲城的士兵们在郑和挖掘的井中下毒，井水毒死了很多葡萄牙人。
这口保家卫国的“毒井”，从此成了入侵者的噩梦。
我怎么老听到当地人说什么“baba”？还有“娘惹”？
峇峇
娘惹
郑和的船队中，部分随行人员定居在马六甲，当地人与这些随行人员通婚，组建新的家庭，他们的后代中男孩儿被叫作峇峇（baba），女孩儿则被称为娘惹（nyonya）。

## 知识链接

### 马六甲海峡

马六甲海峡位于马来半岛与苏门答腊岛之间，是连接太平洋与印度洋的咽喉要道，被誉为“海上十字路口”。

马六甲海峡风平浪静，海峡两侧有很多暗礁，海盗活动猖獗。

沿着海上丝绸之路经过这里，装着东西方宝物的大船在无风的狭窄的海面上只能慢悠悠地行驶，很容易受到船速很快、带多支船橹的海盗船的袭击。

马六甲海峡至今仍有海盗出没，这也成了一大国际问题。

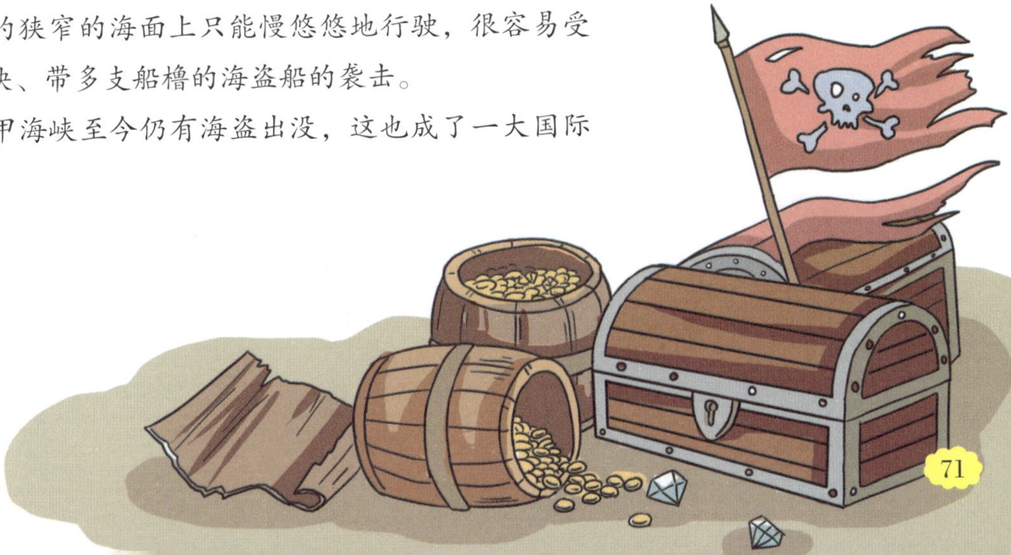

## 马六甲城

1402 年，马六甲王朝成立，明朝人称之为满剌加国，都城就定在马六甲城。

马六甲王朝成立初期，国力衰弱，每年都向暹罗缴纳黄金，以求保护。

明永乐年间，马六甲王朝的国王拜见大明皇帝明成祖朱棣后，开始正式向大明进贡。朱棣封他为满剌加国王，并从此开始为马六甲王朝提供保护。

1405—1433 年间，朱棣曾派郑和七下西洋，郑和五次抵达马六甲，给马六甲王朝的国王带了很多大明皇帝赏赐的财物、银印等。

明成祖 朱棣

# 第七章

# 蓝宝石般耀眼的青花

郑和每次出使的船队，至少得有两万人，他们带的粮食和水应该很快就用光了吧？
所以，在远航途中需要一个可以补给物资和休整的地方，而马六甲就是这样的地方。

马六甲不仅是补给站，还是一个集散中心。郑和会在这里把船队分成很多支队，分头去附近的国家进行贸易。

急转弯的跨海大桥?
厉害吧?这是我们中国人建设的,也是文莱的第一座跨海大桥。
从此,大摩拉岛的原油和天然气开发就少了很大的障碍。
原油和天然气是文莱的主要经济支柱。架设一座跨海大桥,是开发海上大摩拉岛的原油和天然气的前提。

我想起来了，文莱就是古代的渤泥，和中国的交情深厚着呢！

在文莱河岸发现了一条长达两千米的“中国瓷器道”。
两千米长？！
甜柑河流域，也出土了一大批中国唐、宋、明各时期的陶瓷。
文莱全称为文莱达鲁萨兰国，意思是“和平之邦”。中国古籍中称文莱为渤泥。

好美的青花瓷!
瓷碗、瓷盘、瓷碟……品种好多啊!
这是在文莱发现的唯一一艘古代沉船，它证明了两个国家在古代就有贸易往来。
考古学家在沉船上整理出大约 1.4 万件文物，其中大部分来自中国，部分来自越南和泰国。
专家推断，这条明代商船从中国起运商品后出海，途中在越南和泰国进行小规模贸易，随后驶往目的地渤泥。

您喝醉了，我扶您到我家里好好休息。

哇，渤泥人真好客！
他们对中国人的确很热情。

文莱人自古以来就喜欢中国，从服饰、瓷器，到风俗文化。

我说中文两国的交情深，没错吧？
文莱跟中国的渊源可不止这样。你们知道青花瓷的蓝色是怎么出来的吗？
是因为描画在瓷器胎上的矿物原料钴料。
最好的钴料，是苏麻离青。而文莱就出产这种钴料。

像蓝宝石一样耀眼的青花！这是我烧制出的最好看的青花！
我知道了，是因为钴料！这个青花瓷我上的是苏麻离青。
太完美了！看来我们的梦想终于实现了。

看到了吧？通过海上丝绸之路运抵中国的这种钴料，让中国青花的颜色达到了巅峰。

距离那个我们神往已久的、出产青花瓷器的国度，越来越近了。
明永乐六年（1408），28 岁的渤泥国王麻那惹加那，带着王后、王妃、王子、公主、近臣等 150 多人，乘坐远洋大船，起锚扬帆北上。
谢谢陛下设国宴款待。
渤泥国王不远万里亲自前来，我很是欢喜。

可惜后来明朝实行了海禁……
仓库里以前积攒的苏麻离青全都用完了。
这下糟了！这可是最上乘的钴料，用它制作出的青花光彩夺目。
没有了渤泥的钴料，可怎么办呀？
钴料造就了渤泥“瓷贸易中心”的地位，后来因为明朝实行海禁，中渤的海上贸易中断。宣德年间，中国官窑多年积攒的苏麻离青几乎用罄，到了成化年间已“无青可用”。

## 知识链接

### 渤泥

渤泥是中国古代对文莱的称呼。在中国古籍中，渤泥“四海流通，交会万国”。早在唐代，中国人就发现，地处爪哇岛、苏门答腊岛、马来半岛、菲律宾群岛中央位置的渤泥，可以成为海上丝绸之路上重要的贸易枢纽，起到门户作用。因此，渤泥在当时既是中国与东南亚古国之间重要的贸易中心，又是阿拉伯商人和东方商人在此往来的主要驿站。

从古至今，渤泥就与中国有着频繁的贸易往来，并因为青花结下不解之缘。

1997 年 5 月的一天，一家石油公司在文莱近海水下 63 米的地方，发现了一艘古代沉船，船内码放齐整的青花瓷等物件有上万件之多。

## 明朝访华的第一位外国国王

在明朝历史上，外国国王亲自来访，渤泥国王麻那惹加那是第一个。

不幸的是，渤泥国王抵达南京不久，就染上急病，不幸去世。这位年仅 28 岁的年轻国王临终前留下遗言，说自己能亲自来到中国，死而无憾，并请求把他安葬在中国。

明成祖朱棣很是伤心，下令 3 天不上朝，并按中国礼仪把渤泥国王厚葬在南京安德门外向花村乌龟山，树碑立祠，并安排了守墓人。

碑亭

因为担心渤泥国王的死讯传回渤泥，导致渤泥政局不稳，朱棣特派张谦、周航两位使臣，护送王子遐旺返回渤泥，并在渤泥镇守了一年，协助新国王遐旺巩固王权。

大明皇帝如此深情厚谊，使得渤泥上下很是感动。4 年后，新国王遐旺带着母亲、叔父等人再次访华。

# 第八章

## “千岛之国”

这里好多岛啊!
因为我们已经到了“千岛之国”印度尼西亚的海域了。前面就是爪哇岛。

你们看爪哇岛的形状，像不像一艘在大海上行驶的军舰?
很像! 而印度尼西亚的首都雅加达，正好处在“驾驶舱”的位置。

你们知道吗？郑和当年抵达爪哇岛的时候，遭遇了意外！

大人，我们下船到岛上采购生活必需品了。
再强调一遍，不许带武器，不许打扰当地百姓。

弟兄们，他们肯定是我们的死对头东王拉来的救兵。赶走这些家伙！
?!
啊！
兄弟们，不要和他们起冲突，快跑！

这些人太野蛮了，他们竟敢袭击大明的士兵！
郑和绝对不会放过他们的！
当时的爪哇岛有东王和西王两大派，天天为了争夺地盘发生争斗。
西王把登岛的士兵们误当成东王找来的援兵，对他们进行了攻击，并打死打伤多人。

你们跟着我风里来浪里去，今天却倒在了这里，再也回不了家了……

大人，我们的弟兄不能白白成牺牲品！
太欺负人了！大人，请派我们去为这些无辜死去的弟兄报仇！
要对付的西王部队，实在是太容易了！

你说什么？！死掉的那些人竟然是大明的船员？这下糟了……
头儿，千真万确！那个郑大人派来理论的人就在外头！
大人，您请息怒！我们真不知道那些是您的人！
要是知道，就算吃了熊心豹子胆也不敢动他们啊！我们西王后悔死了，愿意拿出6万两黄金作为补偿！
大局为重，郑和原谅了西王……

我们到达历史悠久的名城雅加达了。

几百年以前，这里就已经是输出胡椒和香料的著名海港，被称为巽（xùn）达加拉巴，意思是“椰林密布之地”。
听说坐落在雅加达的印度尼西亚国家博物馆里收集了很多中国古代的瓷器，我们去看看吧！

有些瓷器上长满了珊瑚。
这里展示的瓷器，很多都是从海底打捞上来的。
印度尼西亚国家博物馆因收藏和展示的中国古代的瓷器数量多、品种全，成为中国境外收集中国瓷器最全面、最系统的博物馆。
印度尼西亚国家博物馆二楼的陶瓷馆，展示着从印度尼西亚各地搜集到的中国古代从商周时期至清朝的陶瓷文物及碎瓷片。

東印度公司
我们每年从这里转运至欧洲的中国瓷器，超过300万件。
这可归功于印度尼西亚优越的地理位置啊！
300万件？！
哇，简直是天文数字！

## 知识链接

### “千岛之国”

印度尼西亚共和国，简称印尼，该名称来自希腊文，意思是“水中岛国”。它是全世界最大的群岛国家。有人叫它“千岛之国”，实际上，它是由 17500 余座岛屿组成的“万岛之国”。

印尼因地跨赤道，且境内土地肥沃，加之高温多雨的热带雨林气候，植被丰富，四季常青，被称为“赤道上的翡翠”。

印尼是世界上拥有火山数量最多的国家之一，爪哇岛就是火山运动的结果。面积只有 12.69 万平方千米的爪哇岛容纳了印度尼西亚一半以上的人口，是世界上人口密度最高的岛屿之一。

印尼是海上丝绸之路的重要枢纽，早在西汉时期，海上丝绸之路中的一条就是经过印尼，再通往印度、中东及欧洲各国的。

## 以德服人，威而不霸

明代初期，在经济、军事和航海技术方面得到了长足的发展；外交上采取积极、主动发展与藩国的邦交关系，对周边国家采“不侵占”的态度，试图构建一个以中国为主导，和谐的理想世界秩序。

在这种背景下，永乐三年，即1405年，郑和率领两万七千多将士，两百多艘船只，浩浩荡荡地开始了他第一次南洋之行。但船队到达爪哇时，正值时该国东、西二王交战。郑和船队的士兵登陆进行贸易，西王误杀郑和船队登岸人员。士兵的惨死让郑和心痛难当，但是考虑到船队出海远航的目的，是为了宣扬大明国威，让远方国家的人们心悦诚服，郑和保持了冷静，没有贸然兴兵报复。最后郑和接受了西王赔偿黄金的建议，妥善处理了这起流血事件。

化干戈为玉帛，郑和这种以德服人，威而不霸的姿态充分为周边国家展示了一个爱好和平，共同发展的大国风范。

# 第九章

# 旧港宣慰司

我们已经抵达爪哇岛中部的三宝垄了。
三宝垄？还是和郑和有关吗？

正是由于当年郑和下西洋的船队停泊在此，才有了今天的三宝垄市和三宝港口。

三宝垄竟然也有皮影戏，而且还有这么多观众！
这里的皮影戏跟中国的有点儿不一样，表演者并不是在幕布后，用光照射形成剪影——
而是面向幕布坐下，进行演出。
皮影戏起源于中国的战国时期，后来相继传入爪哇、暹罗、马来半岛。

街道上，一行队伍敲锣打鼓，舞龙弄狮，抬着一尊塑像一路走来。好不热闹！
他们这是在干吗呀？
每年农历六月三日，华侨、华人便会倾城而出，组织盛大的纪念郑和的活动。
郑和当时在三宝垄登陆，其实有特殊原因。

全息影像
副使王景弘病得很重，不能再跟着船队颠簸了，我们必须靠岸。

郑大人……
你留在这里好好养病，我得带领船队继续航行了。

想不到直到现在，我们带来的中国货还是这么受欢迎！
每到一个地方，当地人都兴高采烈地用特产换我们的丝绸、瓷器和茶叶。
我们的船马上就到巨港了吧？好期待能换些什么当地特产！
孩子们，你们知道巨港在古代的海上丝绸之路中起到了什么作用吗？

我知道！当时郑和的船队都在这里进行补给！
没错，不愧是学霸苏苏！

啊？这里能为船队提供补给？！他们都认识郑和吗？
这里有旧港宣慰司，明朝海军在这里建了仓库，用于船队补给。

都仔细着点儿，不允许出现一丁点儿差错！
旧港，就是今天的巨港，担负着为明朝船队提供给养、保养船只的责任。
而旧港的官员由明朝直接任命，并享有朝廷发的津贴。
根据当地史书《塔兰华人编年史》记载，当时好几个村子都为郑和的船队服务：沙林迪尔村的任务是为修理海船提供柚木，塔兰村的任务是管理海港，森岔村的任务则是管理灯塔。

?!
你们快看！船上怎么还有狮子啊？

古代中国本土并没有狮子。
狮子通过陆路和水路两种方式传入中国，而旧港是明朝的藩属国万里迢迢向中国进贡狮子的中转站。

我看到了好多货物，还有铜钱和粮食！
这是郑和在旧港设立的中转站。
中转站的建立，让大明和各国的贸易往来大为便捷了，不仅提高了大明的威望，也让旧港繁华起来。
从南洋到印度洋的航线开通后，郑和曾在旧港、满剌加设立中转站，下西洋所需的钱粮货物，都在这些仓库里存贮，以备随时取用。郑和去各地的船只，回航时也都在这里聚齐。

## 知识链接

### 三宝垄

在国外，有一座城市是因中国人而命名的，它就是印度尼西亚的三宝垄。农历六月三十日是郑和抵达的“圣日”，每年的这一天，在印度尼西亚的华侨都会前往三宝垄的三宝公庙参加庙会，很多印尼人也前往参加。

相传当年郑和船队经过这里时，副使王景弘病重，在海上颠簸只会让他的病情雪上加霜。船队被迫在爪哇岛的某处停泊，郑和将王景弘安置于一个山洞内静养，并为他留下随从、药物、食品和一条船，自己率领船队继续航行。

王景弘病好后，与当地女子结婚生子，并传播中华文明和郑和事迹。这里也越来越繁华，形成了以“三宝垄”为名的城市。而当年郑和登陆的港湾，被命名为“三宝港”。

1966 年，三宝垄政府建立纪念碑，以印尼、中、英三国文字记载了郑和的简历及其来访印尼的经过，表达了对这位友好使者的尊敬和热爱之情。

## 旧港宣慰司

明朝初期，印度尼西亚诸国林立，大大小小的王国各自为政，统治着这座半岛的一部分区域。

明朝永乐年间，考虑到印度尼西亚地区是郑和下西洋的必经之地，需要当地支持，给船队提供补给，明朝政府建置了旧港宣慰司，位于今天的苏门答腊巨港。首任旧港宣慰使为施进卿。

# 第十章

# 南浡里

继续航行一段时间后，众人眼前出现了一座平顶的小岛。
这是韦岛，以前叫帽山，对沿着海上丝绸之路航行船只来说，这是一个地标。
帽山？《郑和航海图》里有这个岛名。

再往前走，就到郑和下西洋时抵达的南浡里了。
也就是现在的印度尼西亚的亚齐特区，位于苏门答腊岛西北部，它的首府是班达亚齐。

两百多艘船的庞大船队？！
不愧是特使，太气派了！
大明皇帝赏赐给我们的国王好多丝绸、瓷器，还有珠宝和珍贵的药材！
我准备了极品降真香和火红的珊瑚树，作为贡品献给大明！

这位南浡里王，后来带着几十个大臣，跟着郑和的宝船一起到了大明，亲自进贡降真香等物品。
国王愿意跑那么远去送礼？
郑和传播的中华文明，让国王很是向往，便亲自带领王族和大臣去大明学习。
郑和可是5次经过南浡里，这里的博物馆至今还珍藏着他送的一座大钟。
我们马上就要到达班达亚齐了。
靠岸了，大家到市区转转吧。

一小时后。
这座城市看起来不大，却有不少欧式建筑。
是的，这是因为亚齐曾经被荷兰殖民了很多年。
这里是海上丝绸之路上阿拉伯商人收购黄金、象牙和樟脑的商站。
它还是16世纪东南亚的胡椒贸易中心呢。

快看，帽山！我们马上就要到南浡里了！
我要采买一船胡椒，南渤里的胡椒品质好、价格便宜。
等我们靠岸，就可以收集上等的黄金、象牙和樟脑了。

爷爷，南渤里历史悠久，可这里的房子为什么都这么新呀？
它们都是后来建的，因为这里曾经发生过举世震惊的灾难。
这里距离海边很远，为什么放艘船在这里呀？
我想起来了，2004 年印度洋发生过一场由地震引发的大海啸！
这艘船重 2600 吨，却被海啸中的海浪直接抛到了当时距离海滩 2.5 千米的这里！

亚齐博物馆，众人好奇地凝视着一座钟楼。
这就是郑和当年送给王子的一口大型青铜钟，当地人叫它“郑和钟”。
我闻到了一股奇特的味道……是榴梿！
你们知道吗？榴梿这种水果的名字，也跟郑和有关。

全息影像
我们要在苏门答腊岛建立物资中转储备的工厂，需要人员长年驻扎在这里。
我们远离故乡常年在海上漂泊，现在还要留下来……呜呜……
想不到这种水果味道这么好！快，每人都摘一个尝尝！

从此以后，士兵们吃这种水果吃上了瘾，解了不少思乡之苦。
郑和就给这一神奇的水果命名为“榴梿”，意思是凡是尝过这种水果的人都会流连忘返。

不要再谈那臭不可闻的榴梿了，还是说说咖啡吧，亚齐产的咖啡可是全印度尼西亚最好的！

## 爱管闲事的郑和

七下西洋的郑和，顺道可是管了不少闲事，比如剿灭了陈祖义的海盗集团；再比如招安强盗头子拜里迷苏剌，授予他国玺和皇袍，让他管理海洋贸易的要道马六甲海峡。

而郑和第四次抵达当时的南浡里，也就是现在的亚齐，是因为追赶敌军。

1412 年，郑和船队第四次下西洋，这是他历次航海中规模最大的一次，船队搭载了 2.9 万名士兵。

航行途中，郑和船队意外卷入了苏门答腊的夺位之战。

在明成祖的要求下，郑和支持了年轻国王。老国王的弟弟愤怒之下，率领 1 万多人的军队对郑和的大部队发动了进攻，但很快就败退下来，逃到亚齐时，被一路追击而来的郑和军队俘获。

## 印度洋海啸

印度洋海啸，也称为南亚海啸，是一场死伤惨重的灾难。

2004 年 12 月 26 日，印度尼西亚苏门答腊以北的海底发生 9.3 级大地震，印尼、孟加拉、印度、新加坡、斯里兰卡、泰国、马来西亚和马尔代夫等许多国家都有震感。

随后，由海底地震引起的致命海啸横扫印度洋。

因为地震和海啸都没有预警，人们毫无防备。海啸突然爆发时，很多在海边的当地人和在沙滩度假的外地旅客躲避不及，被巨浪卷入了海里。

据事后统计，这场海啸造成超过 29 万人死亡（其中三分之一是儿童）。